Marianne Ehrmann

Graf Bilding - Eine Geschichte aus dem mittleren Zeitalter

Marianne Ehrmann

Graf Bilding - Eine Geschichte aus dem mittleren Zeitalter

ISBN/EAN: 9783743497283

Hergestellt in Europa, USA, Kanada, Australien, Japan

Cover: Foto ©ninafisch / pixelio.de

Weitere Bücher finden Sie auf **www.hansebooks.com**

Graf Bilding.

Eine

Geschichte

aus dem mittleren Zeitalter

Dialogisirt

von

Der Frau Verfasserinn der Philosophie eines Weibs.

Reichsstadt Isny,
im Verlag der neuerrichteten typographischen
Gesellschaft, 1788.

Vorerinnerung.

Dieser kleine aber gewiß vortreffliche Roman, bedarf wohl meiner Empfehlung nicht. — Wer den Namen: Verfasserinn der Philosopie eines Weibs kennt, weis zum voraus, was er zu erwarten hat. — Schon glänzen von dieser verdienstvollen Schriftstellerinn eine Amalie, Philosophie eines Weibs, Ninas Briefe, moralische Aufsäzze und noch mehrere andere Schriften im schönsten Lichte. Uiberall erblikt man in diesen Geistesprodukten die Menschenkennerinn, die sich in so verschiedenen Fächern mit immer erweiterten Kenntnißen zeigt. Treffende

Karakteristik, originelles Feuer, passende Satire, naiver Wiz, Wendungen die man kaum von einem Weibe erwartet, machen ihre Werke vor allen andern kennbar. Zum voraus bin ich versichert, daß die Leser auch in diesem Werkchen eben diese Originalität nicht vermissen werden. —

Der Herausgeber.

Graf Bilding.

Die Szene ist im Walde.

Graf Bilding und sein Schildknappe.

Graf. Aber sagt mir nur Dummkopf, wo habt ihr eure Augen, daß ihr Sie nicht seht?

Hubert. Gnädiger Herr, meine Augen sind, wo sie immer waren — aber ich sehe die Dirne doch nicht.—

Graf. Nun so reit zu, daß der Staub davonfliegt, damit wir Ihr näher kommen! ———

Hubert. Wenn wir aber unsere Leute aus den Augen verlieren? ——— Ist diese Meerkatze wohl einen solchen Preis werth? ———

Graf. Wann Herren wollen — so schweigen Knechte —

Hubert. Gnädiger Herr! So spracht ihr vor zehn Jahren mit dem alten Graukopf nicht, der euch mit Gefahr seines Lebens der Wuth eures Oheims entriß!

Graf.

Graf. Da war ich Knabe — jetzt bin ich Mann.

Hubert. Nicht allzeit Herr Graf! — Da wo es auf eine Jungfrauenjagd hinausläuft, hört ihr auf es zu seyn.

Graf. Alter störe mir meinen Lieblingshang nicht, oder es wird dich reuen! — Reit zu! — Reit zu! — Die Dirne scheint vor uns zu fliehen! reit zu sag ich dir! Tod und Hölle! — Ich seh Sie nicht mehr! —

Hubert. Ha! Ha! Ha! Ich auch nicht! Ich auch nicht! Das Wildpret roch Pulver und entfloh. —

Graf. Schurke spotte nicht! — Du weißt, ich bin fürchterlich, wenn man mich reizt. — Reit zu! Reit zu!

Hubert. Um Gotteswillen gnädiger Herr! — Mir bleibt der Athem aus — und wir erhaschen die Dirne doch nicht! —

Graf. Und wenn alle Teufel sich widersetzten, wenn du dich zu Grunde rittest — ich muß Sie doch haben! —

Hubert. Flucht nun den Himmel herab — aber Sie ist euch doch entwischt! — Seht ihr, da ist der Plaz, wo sie war. — Weg ist weg — nicht eine Spur ließ Sie zurükke. —

Graf. Diesmal entgieng mir die Beute! Schwenkt euch links! Vielleicht finden wir Sie im Gebüsche? —

Hubert. Schwerlich! — Baurendirnen haben ein enges Gewissen — sie fliehen die Gefahr, wenn es noch Zeit ist. —

Graf.

Graf. Willst du wetten, daß Sie zahm wird, wenn wir Sie treffen? — Jugend und Geld bringen überall durch. —

Hubert. Herr Graf! — Dieser Saz leidet Ausnahme; ich habe eine Tochter, die Euch das Gegentheil bewies.

Graf. Wenn der Vater sein Glük mit Füßen tritt, was soll man von der Tochter erwarten? —

Hubert. Junger Herr seht meinen alten Schädel recht an! — Eher wollte ich mir Haar für Haar ausreißen, als mein Kinde zur Mezze werden laßen! Ich bin euer Knecht, aber nicht euer Kuppler. Bei dem Allmächtigen! — Hätte ich je geglaubt, daß ihr so ausarten könntet, ich würde euch eurem Schiksal überlaßen haben. Lieber würde ich mir dieses Herz (schlägt auf die Brust) aus dem Leibe gezwikt haben, weil es für euch hätte schlagen wollen! — Bedenkt eure Zügellosigkeiten, wie manche Unschuld schon euer Opfer wurde! — Macht das euerer Geburt Ehre? — Weh! — Weh! — Tausendfaches Weh jenen wollüstigen Buben, die euch zu diesem Leben verleiteten! — Ich könnte heulen wie ein Weib, wenn ich mich an euer Knabenalter erinnere! — Was ihr damals für ein ganz anderes Herz hattet, als jezt!! —

Graf. (halb gerührt) Hubert! — gebt euch zufrieden. — Es wird beßer werden, wenn mein Feuer mehr abgekühlt ist. — Ihr kennet mich ja, ich bin ein toller Flüchtling. —

Hubert. Ja wohl, gnädiger Her, kenne ich Euch! —

Graf. Aber sag mir doch, wo wir jezt sind? — Wir finden ja den alten Weg nicht wieder! —

Hubert. Verirrt, gnädiger Herr haben wir uns, meine Prophezeihung trift ein! —

Graf. Daß du in der Hölle wärst mit deiner Prophezeihung! Treib dein Roß an und folge mir! —

Hubert. Bis in den Tod, gnädiger Herr, will ich euch folgen! — Aber seid doch nicht leichtsinnig; schwenkt euch rechts! —

Graf. Die Nacht ist schon lang eingebrochen, ich höre und sehe nichts von unseren Jägern. Jezt ist guter Rath theuer! —

Hubert. Für den nicht, der ein gutes Gewissen hat. — die Vorsehung wird schon sorgen. —

Graf. Hubert an euch gieng ein Pfaffe verlohren! — Ihr moralisirt vortrefflich! — Könnt ihr aber auch meinen Hunger, meinen Durst stillen? —

Hubert. Herr Graf, Mangel öffnet die Augen, beßert das Herz. — Schikt euch in euer Schiksal; es ist jezt nicht zu ändern. —

Graf. Ich wolte, daß ihr mit euerer Kälte zum Weibe würdet, damit ihr mir genug predigen könntet! — Freut euch nur schadenfroher Andächtler, meine Knochen wanken — meine Kräften schwinden, noch eine Stunde ohne Labung, und ich sinke ermattet vom Roß!!! —

Graf.

Hubert. Und doch seid ihr der Mann, der sich um einer Dirne willen dem allem aussezte? —— Pfui! — schämt euch dieser Weichlichkeit! —

Graf. Hubert! — haben dich deine Leidenschaften noch nie zu keiner Tollheit verleitet? —

Hubert. Gnädiger Herr! — Ich bin wieder mit Leib und Seele euer Hubert! Aufrichtiges Geständniß ist so gut als Reue. Steigt vom Roß, ich will euch auf meinem Rükken tragen, wenn euch das Reiten zu stark ermattet. —

Graf. Hubert! — Hubert! — ich seh Licht! — wohl uns!!!" —

Hubert. Wo denn, gnädiger Herr? wo denn? —

Graf. Aber wird man uns auch beherbergen? —

Hubert. Warum nicht? Wir sind ja Menschen. Das, was ich gerne thue, hoffe ich von anderen auch. —

Graf. Ich weis nicht, Hubert, was mit mir vorgeht? — Je mehr wir uns dem Licht nähern — je weicher wird mein Herz. —

Hubert. Das ist bei euch nichts neues Graf! — Ihr seid stark zur Empfindsamkeit geneigt. — Vielleicht wird euch dieses Gefühl in unserem Nachtlager bald von einer schönen Dame erwiedert. — Aber das sag ich euch, Herr Graf, wann Ihr euch an ein fremdes Weib wagt, wenn ihr es versucht, einen Mann

zu betrügen, denn habt ihr mich zum leztenmal gesehen. —— Ihr wißt, das ich Wort halten kann! —

Graf. Hubert seid ihr von Sinnen? —

Hubert. Gnädiger Herr, ich kenne euere Schwäche. —

Graf. Dießmal habt ihr fehlgerathen! — Alles schweigt
jezt, was ehmals in mir sprach. Bei meiner Seele,
ich weis nicht was diese Angst sagen will? — Steigt
vom Roß — gebt ein Zeichen, daß man uns hört. —

Burg Altenburg.

Ein Knecht.

Knecht. Freunde, oder Feinde? —

Graf. Freunde, — auf mein ritterliches Ehrenwort,
Freunde!

Knecht. Was steht zu euern Diensten Herr Ritter? —

Graf. Sagt euerem Herrn, der Graf Bilding ließ ihn
um Herberg bitten. —

Knecht. (mürrisch) Schon wieder ein Fremder! —

Hubert. Gnädiger Herr! — Was dünkt euch von dem
Kerl? — Gott gebe! daß das Sprichwort nicht ein-
trift, wie der Diener, so der Herr — sonst sind wir
verlohren! —

Graf.

Graf. Ja wohl wahr! — Ja wohl sind wir verlehren! Was nüzt mir jezt mein Reichthum? — Kann er meine Erwartung lindern? — Kann er mich jezt von dem Hungertode retten? Großer Gott, was ist Ungegewißheit für Folter! —

Hubert. Graf, ich hätte eine Bitte an euch? —

Graf. Und die ist? —

Hubert. Erinnert euch dieser bangen Ungewißheit, wann euch ein Unglüklicher um die Entscheidung seines Schiksals ansieht. — Zögerung thut weher, als Unglük selbst! —

Ritter Zuni. Mehrere Knechte.

Ritter. Gott grüß euch Herr Graf! — Seid mir herzlich willkommen! Gebt mir euere Hand, ich will Euch führen, Ihr braucht Labung, (zu Hubert) auch du Alter — auch du mußt dabei seyn. —

Hubert. Herr Ritter, wenns dem Herrn gut geht — so ist der Diener gern mit allem zufrieden! — Laßt mich unter dem Gesinde, ich gehöre nicht zu euch.

Graf. Verzeiht ihm Ritter! — Er ist grundehrlich, aber hat seinen eigenen Kopf. —

Ritter. Wirklich, ein sonderbarer Mann!

Zimmer.

Ritter Zunt. Adelheit. Graf Bilding.

Graf. (Erblikt Adelheit, spricht zerstreut) In der That, Ritter, es war ein sonderbares Abentheur — wir haben viel — ihr habt hier ein schönen Siz — w: kömmts, daß Ritter Zunt sich so der Einsamkeit wiedmet? —

Ritter. (Auf Adelheit deutend) dort steht die Veranlaßung dazu — ich habe auf dieser Welt nichts weiter mehr, als dies einzige Kleinod, das mir mein seliger Sohn hinterließ. Sie ist eine Waise. Ich entriß Sie der Gefahr entführt zu werden. — Einstens soll Sie der Stolz meiner Familie seyn!

Graf. An dem wird es gewiß nicht fehlen! — nicht wahr, edle Jungfer? —

Adelheit. Wenn mir Gott und die heilige Jungfrau beistehen!

Graf. (Für sich) Ha Engel, deine Frömigkeit giebt dir unwiderstehliche Reize! — Nicht wahr, Ritter, wir hätten ein sonderbares Geschik? — Hätte ich dem ehrlichen Hubert gefolgt, nimmermehr würde es uns so gegangen seyn. —

Ritter. Dank immer, dem Himmel Graf, daß ihr noch so glüklich durch komt — der Wald ist sehr unsicher; sezt euch Graf. — Eßt, trinkt, thut, als ob ihr bei euch wäret, Vater Zunt ist nicht geizig — ich habe
diese

diese einzige Erbin; das weggerechnet, was man der
Menschheit schuldig ist, bleibt ihr immer noch soviel
übrig, als Sie braucht. —

Graf. Ritter, ihr seid ein wohltätiger Mann! nicht der
Werth euerer Gaben bringt euch in Himmel, aber
euer guter Willen. —

Ritter. Ich thue nichts um Belohnung! ich folge nur
meinem Herzen; wenn Adelheit meiner Lehre nachfolgt,
so wird wohl kein Fremdling, kein Unglüklicher vergebens an ihrer Thüre weinen — nicht wahr, Tochter du willst? —

Adelheit. (Küßt den Alten auf die Stirne) Vater fragt mich
doch nie mehr um etwas, das jedem Menschen Pflicht
ist. —

Ritter. (Drükt Sie an sein Herz) Weine nicht ferner Kind!
deine Thränen sind mir jezt Antwort genug! Seht
ihr Graf, was für ein weiches Herz dies liebe Geschöpf hat! — Müßt mich nicht der Zorn des Him-
mels treffen, wann ich nicht mit Sanftmuth über Sie
wachte? —

Graf. (Heimlich seufzend) Ja wohl Ritter, ja wohl! —

Knechte bringen jezt eine vollkomme-
ne Mahlzeit. Alle drei sezzen sich zu
Tische.

Ritter. Graf ihr seid nicht munter! Was fehlt euch?
Ist meine Burg der Aufenthalt der Schwermuth?

Graf.

Graf. Denkt nach, was ich erst vor wenig Stunden ausstand! und haltet es mir zu gut! —

Ritter. Sagt mir Bilding, was spricht man denn vom Kaiser? Ich höre in meiner Einsamkeit wenig Neuigkeiten. —

Graf. Nicht viel gutes, Ritter! Er hat sich mit dem Landgrafen vereinigt. —

Ritter. Unbillig, Graf, sehr unbillig! —

Graf. Wo Ehrgeiz und Eigennuz herrschen, ist Blutvergießen nicht ferne. —

Ritter. Zu meinen Zeiten sah es in Teutschland ruhiger aus! — Damals hielt man auch Wort und Treue. — Jezt muß man beides mit dem Schwerdt in der Hand erzwingen. — Ich gäbe bei diesen Aussichten mein grauen Kopf nicht um zehn jüngere hin! — Für was lebt der Mensch, wenn er seinem Bruder nicht trauen darf? — Giebt es wohl einen schwärzern Meineid, als gemißbrauchtes Zutrauen? —

Graf. (Sich getroffen fühlend) Ritter! So was können nur Buben thun! —

Ritter. Freilich nur Buben! — Adelheid was fehlt dir? —

Adelheit. Nichts Vater, nichts! — Mein Blut drängt sich zum Herzen, ohne daß ich weis warum.

Ritter.

Ritter. Ein Anfall deiner gewöhnlichen Schwermuth.— Hat wohl nicht viel zu bedeuten. Denkt Graf, die Träumerinn hat oft Ahndungen, oder wie man das Ding heißt. —

Graf. So! — Was in aller Welt könnte Euch denn schrekken, edle Jungfer? —

Adelheit. Etwas das keinen Namen hat — etwas, das ich nicht taufen kann — und mich doch ängstiget! —

Graf. Beruhigt euch! — Ihr seit zu schön um unglüklich zu werden. —

Ritter. Stille, Graf! — Nicht so! — Sagt ihr doch nichts ferner von Schönheit vor. — ohne Tugend ist Sie die Schöpferinn zum Laster. — ohne Tugend macht Sie auch der niedrigsten Dirne Schande! — Seht ihr einmal recht starr ins Gesicht — (Bildung ist äusserst verlegen) seht ihr starr ins Gesicht! Würden diese Züge wohl schön seyn, wenn nicht Unschuld darinnen wohnte? würde dies Auge reizzen, wenn es verbuhlt um sich herblikte? Würde dies ganze Wesen dem Biedermann gefallen, wenn es durch Eitelkeit vergiftet ein ganz anderes Ansehen hätte? Würde dies Herz mehr als ein Fußtritt werth seyn, wenn es je seiner Würde vergäße? Ich sage Euch, Graf Schönheit ohne Tugend ist nichts!

Graf. Ihr seidt seh strenge Ritter! —

B   **Ritter.**

Ritter. Da irrt ihr euch! ich bin gegen Sie, gegen niemand strenge. Fragt Sie einmal, ob Sie nicht mein volles Zutrauen besizt? —— Ob ich Sie je einkerkern zur Nonne machen wollte? Sie hat bei jedem Anlaß ihre völlige Freiheit. Ich traue ihr eine Freiwillige Tugend zu —— Erpressen mag ich keine auch habe ich es nicht nöthig, Sie ist wirklich ein gutes braves Kind! Sie fühlt, was für Blut in ihren Adern rollt —— überhaupt Mißtrauen ist nicht meine Sache. —— Sagt, Graf, habt ihr welches bemerkt?

Graf. (Mit Wärme) Bei Gott nicht! (Für sich) Ich wollt daß du es wärst! ——

Ritter. Es ist schon ziemlich späth! —— Ihr bedärft Ruhe Graf. —Heut muß euch Adelheit Plaz machen. Ihre Kammer ist eine meiner besten —— da müßt ihr ausruhen! Kind, du hast doch nichts darwider?

Adelheit. Dem müden Fremdling gehört das Vorrecht! ich werde diese kleine Unbequemlichkeit wohl wenig fühlen. ——

Graf. (Küßt ihr zitternd die Hand) Adelheit, ihr seid sehr gütig! ——

Ritter. Nun Graf, gute Nacht! Laßt euch den Schlaf schmekken! ——

Graf. Gute Nacht! ——

Adelheit. Gute Nacht! ——

Ein anderes Zimmer in der Burg
des andern Tags.

Graf Bilding.

Ha, Luft! — Luft! — Hier halt ich es nicht mehr länger aus! — Nur ein Bube kann so was thun! Sprach der Alte, sprach die Tochter. — Nicht doch ehrliche Leute, nur ein Ungeheur kann so was thun!! Nur ein Ungeheur kann Zutrauen mißbrauchen, kann ein Heiligthum entehren, wofür jede Gottheit Ehrfurcht hat! — O ich Bube! Ich Bube! Und doch konnte ich nicht anderst — Wenn ich in diesem Augenblik verdammt würde, ich müßte den Engel doch lieben, — Ha! Ha! Ha! — Wie die Teufel ihr Spiel mit mir treiben! Wie ich mich so vergeßen konnte! — Alter! — Du mußt einem Verrdther fluchen der so undankbar deine Gastfreiheit mißbrauchte, der sich bis zum schänderischen Halunken herab würdigte. Der ein Geschöpf unglüklich machte, die Ihm ewig in die Ohren heulen muß — Du warst mein Verführer!!! —

Ha, wie ich zusammengetretten bin. — Wie ich feiger Knabe vor dem Krachen der Wände zittere. — Gewißen! wie gräßlich donnert deine Stimme in mein Herz! Ich kann den Ritter nicht mehr sehen. Ich muß den Ort heimlich verlaßen, wo mich die Thränen einer Beschimpften wie Furien anfallen würden! (ruft) Hubert! — Hubert! —

Hubert. Was wollt Ihr gnädiger Herr?

Graf.

Graf. Sattle unsere Roße, wir müßen fort!—

Hubert. Ohne Abschied?—

Graf. Kerl soll ich, dir von allem Rechenschaft geben?

Hubert. Aber man wird uns ja anhalten.— Fragen warum?—

Graf. Dafür laß mich sorgen!— Pak dich!—

Im Walde.

Hubert. Ich beschwöre Euch gnädiger Herr, sagt mir doch was fehlt euch?—

Graf. Ruhe!!!—

Hubert. Wo hat ihr sie dann gelaßen? Jesus Christus, was ist euch, ihr seht so wild?—

Graf. Noch nicht wild genug, um mich zu vernichten!

Hubert. Ihr habt was schweres auf eurer Seele.—

Graf. Mehr als ich tragen kann!

Hubert. Theilt euern Harm mit mir — vielleicht wird euch leichter.

Graf. Nein! er soll in mir so lang wüten, bis ich hinlängliche Reue fühle für meine Sünde — für eine Sünde, über die Engel im Himmel weinen müßen!—

Hubert. Graf! ich merke, wo ihr hinaus wollt — ihr seid unglüklich! — Ihr habt am Ritter, an seiner Enklin treulos gehandelt. —

Graf. Du kannst gut rathen! — der Bösewicht muß deutlich auf meiner Stirne zu lesen seyn; begreifst du aber auch warum mich der Allmächtige noch nicht straft? —

Hubert. O lieber unglüklicher Herr, der Allmächtige ist gütiger als ihr denkt. — Reue kann Ihn versöhnen! —

Graf. Ha, dann will ich so lang in den Wildnissen herum irren, bis ich es fühle, daß ich wieder zu Ihm hinauf blikken darf! —

Hubert. Gnädiger Herr, mäßiget eueren Schmerz, hört mich! —

Graf. Kannst du die Entehrung eines solchen Engels zurükrufen? —

Hubert. Da müßte ich mehr als Mensch seyn! Aber..

Graf. Was aber? sprich! —

Hubert. Ihr müßt die Entehrte heurathen, ohne dies seyd ihr in den Augen jedes braven Ritters ein...

Graf. Sprich es nicht aus das schändliche Wort! Ich will es, bei dem Allmächtigen sey es geschworen; von mir lehnen! — Ich will meinem Vater so lange vorwinseln, bis Er diese Verbindung zugiebt.

Hubert.

Hubert. Es wird hart halten! Ihr sollt ja die Schöne Wittwe heurathen. —

Graf. Die schöne Buhlerinn müßt ihr sagen. — Ganz recht, so wie ich jezt bin, bekömmt Sie einen Rasenden zum Manne — ich schwöre euch Hubert, eh man mich dazu zwingt, will ich dem lüstern Weib ins Ohr rufen — bedenkt euch wohl, ich liebe euch nicht. —

Hubert. Ihr seid ihr gar nicht hold. —

Graf. Wer kann den Engel Adelheit kennen, und einer solchen . . . hold seyn? —

Hubert. Das Gerücht geht, die Wittwe hielte nicht viel auf Zucht und Ehre.

Graf. Und doch will mir Sie mein Vater aufdringen?

Hubert. Sein Geiz, nicht Er! —

Graf. Mich soll er um diesen verworfenen Preiß nicht opfern — und wenn Er aufhörte Vater zu seyn! —

Hubert. Versucht euer Schiksal mit Güte, ihr richtet weit mehr aus. —

Graf. Seht! Seht! Dort sprengt einer von meines Vaters Knechten auf uns los.

Hubert. Man wird uns zu lang vermißt haben.

Knecht

Knecht.

Knecht. Graf Bilding! — Euer Vater und sein ganzes Gefölg ist wegen euch sehr in Sorgen. Schon eine ganze Nacht durch suchten wir euch vergebens. Treibt euer Roß an, wir sind ohnweit eueres Vaters Burg. Soviel ich sehe, sind euch die Wege nicht so gut bekannt als mir.

Graf. Wir folgen euch! Reitet voran.

Schloß Hohenstein.

Alter Graf Bilding. Junger Graf Bilding.

Alter Graf. Sohn spare deine Mühe! Ich gebe meine Einwilligung zu keiner andern, als zur Gräfinn Neuenfeld. — Die Dirne wird wohl nicht viel zu bedeuten haben — die dir ins Garn lief.

Junger Graf. Vater, wenn ihr mich liebet, so sprecht mit mehrerer Schonung von Ihr — Sie ist eines edlen Ritters Enklin.

A. Graf. Und ließ sich doch beschwatzen?

J. Graf. Nein! Bei dem Allgerechten nein! Ich habe Sie verführt.

A. Graf. Das hätteſt du können bleiben laſſen. Iſt ihr Oheim reich?

Junger Graf. An Ehre und Tugend. —

Alter Graf. Was kümmert mich das! wenn Er arm ist — desto beßer! — so ist der Schaden mit wenig Unkösten zu ersezzen. —

J. Graf. Vater!!! —

A. Graf. Sohn!!! —

J. Graf. Kann man Schande mit Geld gut machen?

A. Graf. In deiner Lage kenne ich kein anderes Mittel! —

J. Graf. Vater, ihr zwingt mich zu einem tollen Streich! —

A. Graf. Bube, dafür ist gesorgt! — Ich halte der Gräfinn mein Wort. — Du wirst dich ohne Widerrede mit Ihr verbinden, oder wir sprechen anderst! Weißt du nicht, daß ihr Vermögen uns allen wieder aufhelfen muß? —

J. Graf Ich weiß Alles! Aber ihr könnt mir doch nicht genug sagen, um mein Gewißen zu beruhigen — Merkt euchs Vater! — Und wenn ich durch Adelheitens Hand zum Bettler würde — Beßer ein ehrlicher Bettler — als ein vornehmer Schurke. —

A. Graf. Hat dich die Buhlerinn so gut moralisieren gelehrt? —

J.

Junger Graf. Wärt ihr nicht mein Vater — ich wollte euch diese hönische Frage beantworten! — (Knirscht mit den Zähnen)

A. Graf. Herr Sohn ihr seid ungehalten. — Die schöne Gräfinn wird euch schon zahm machen. — Sie ist eine reizende Zauberinn! —

J. Graf.)Außer sich.) Eine Metze! — Ein Ungeheuer ist Sie! Daß ihr es nur wißt — ich verachte ein Weib von ganzer Seele — die sich troz solchen Hindernißen doch noch aufbringt — aus Lüsternheit aufbringt. —

A. Graf. Du bist aber auch ein schöner Kerl Friz! —

J. Graf. Vater, ich bitte euch um Gotteswillen spottet nicht! — Ich bin jezt gar nicht bei guter Laune. —

A Graf. Ich will dir jemand her schiken, der dich zur guten Laune stimmt. —

Junger Graf allein.

Vielleicht Hubert! der hat doch noch mehrer Menschliches Gefühl, als du alter Geizhals! — (Schlägt sich vor die Stirne.) Könnte ich dich zusammenschlagen gebrandmarkter Kopf! — Sonst war ich nur Wollüstling nie Böswicht, erst jezt wurde ich es! — Wurde es an einem Geschöpf, um die mich Engel beneiden. — Ha, wer zwingt mich denn dazu, wenn ich es nicht bleiben will? Was kümmert mich der Griz meines Vaters? — Was sein Zorn? — Was

etn

ein verbuhltes ausgeschämtes Weib? — Ich will hin zu ihr, will ihr Dinge sagen, die ihr Feuer gewiß abkühlen! —

Gräfinn Neuenfeld.

Graf. Gerade zur rechten Zeit! — Wir haben Wichtigkeiten miteinander abzuthun. —

Gräfinn. Alles, was von Graf Bilding her kömmt — ist mir willkommen! —

Graf. Spart euere Komplimente für jemand, der sie lieber hört. — Gräfinn ihr seid ein Weib, nicht wahr? —

Gräfinn. Wenigstens beweißt es die Menge Anbether, daß ich es bin. —

Graf. Und für den, dem blos Larve gefällt — auch ein schönes Weib — aber mit einer blutschlechten Seele! —

Gräfinn. Graf!!! —

Graf. Ihr müßt doch wohl die Wahrheit verdauen können — sonst wäret ihr von mir weggeblieben. Ihr wißt doch, daß ich euch nicht liebe? —

Gräfinn. Was uns heute mißlingt — gelingt uns morgen. —

Graf. Nun bei meiner Seele ihr urtheilt falsch! — ihr nährt aus Eitelkeit eine Hoffnung, die euch Schande be macht. — Eine Hoffnung, die euch in meinen Augen noch mehr erniedrigen würde, wenn es seyn könnte. — Eine Hoffnung, die euch verabscheuungswürdig macht! — Seid ihr von meinem Unglük nicht unterrichtet? — Muß ich es euch noch zehenmal wiederhollen, daß ich einer Edlern, als ihr seid, meine Hand schuldig bin? —

Gräfinn. Wärt ihr es nicht, Graf! Ich würde mich, bei dem Allmächtigen seis geschworen, blutig rächen! Ein Wink von mir — Und die ganze Rotte, die euch mir entreißen will, läge zu meinen Füßen. — Habt ihr noch nie gehört, was Weiber vermögen??

Graf. O ja ich weiß, daß Buhlerinnen auch die schändlichsten Kunstgriffe nicht scheuen, um der Menschheit einen Schandflek anzuhängen. —

Gräfinn. Glaubt mir Bilding! — Der Sieg, der durch Männerschwäche erweitert wird, schmekt weit beßer, als der alltägliche. — Davon wißt ihr wohl auch ein Wort zu sprechen — Erst seit einiger Zeit eifert ihr so gegen die schönen Weiber. — Noch vor kurzem ward ihr eben sowohl Knabe, mit dem man nach Willkuhr spielen durfte, als andere. — Vielleicht bald wieder. Ich halte auf schnelle Bekehrungen nicht viel.! —

Graf. Spottet immer fort Schlange, ihr sollt mich doch nicht lokken! — Seid ihr wohl noch fühlbar genug um mich zu begreiffen? Dann wißt, daß ich euch nicht heurathen kann! — Wollt ihr ein Schurken
zum

zum Manne eintauschen? — Wollt ihr ein Geschöpf
in Staub tretten helfen — die gegen euch ein Engel ist? Wollt ihr Sie — mich — euch selbst unglüklich machen? Ist euch mit einem Manne gedient,
der euch nicht einmal achten — geschweigen lieben
kann? — Pfui! — Wer möchte sich so aufdringen!—

Gräfinn. Bilding habt ihr euch aus Leidenschaft noch nie
erniedrigt? —

Graf. (Für sich) Wie mich die Schlange mit meinen
eigenen Fehlern überlisten will. — Gräfin, ich bin
euch keine Rechenschaft von meinen Handlungen schuldig. — Bedenkt wohl was ich euch sagte — und
wenn ihr jezt noch auf meine Hand bringt — dann
weh euch!!! —

Gräfinn. Das wird sich alles geben Graf! — Die Männer haben Augenblikke, wo sie zahmer sind, — Als
ihr jezt seid. — Der Vorzug, den ich euch vor allen
anderen gebe, wird euch mit der Zeit schon liebrei-
cher gegen mich stimmen. — Ihr wäret wahrlich der
Erste, dem Sanftmuth und Güte nicht ins Herze
dränge — der Erste, der einer Liebe widerstünde,
wie die meinige ist. — Der Erste, der reifer Vernunft, reizender Lebhaftigkeit vor tölplischer Einfalt,
und flegmatischer Schlafsucht nicht den Vorzug gäbe.

Sagt selbst Graf, was habt ihr wohl von einem
geistlosen Geschöpf in der Ehe für Vergnügen zu hoffen? — Ihr jung — feuerig — voll Leidenschaft. —
Sie fromm einfältig — kalt wie Eiß. Ha! — Ha!
Ha!

— Ha! — So was würde in die Länge dem raschen Graf Bilding schmekken! — Ihr kennt euch selbst zu wenig. — sonst würdet ihr vor eurem Vorhaben zittern!— Untersucht euren Geschmak, wird es ihm mit dem ewigen Einerlei — wohl genügen? — Je feuriger der Mann, je mehr bedarf er ein feuriges Weib, wenn ihn die lange Weile nicht tödten soll. Wollt ihr von jezt an auf alle Freuden des Lebens Verzicht thun? — dann geht hin und werdet in ihren Armen zum Einsiedler! —

Die unglükliche Wittwe wird wohl noch so viel Thränen übrig haben, um sie für euch zu verweinen!

Graf. Weib!!! Weib!!! —

Gräfinn. Könnet ihr einem liebenden Weib mit dieser Härte Schwachheiten vorrükken, die euch selbst tausendmal unterjochten? — Was that ich euch, daß ihr meine Liebe mit Verachtung lohnt? — Ist es meine Schuld, wenn ich unter allen Eroberungen noch keinen Graf Bilding fand, an den ich mich mit ganzer Seele hätte hängen können? — ist es meine Schuld, wenn mein feuriger Geist nach Liebe geizte, und sie nirgends in jener Stärke fand, die mein vielforderndes Herz ausfüllte? —

(Feurig) Graf Bilding! — Du bist es, an dem alle meine Wünsche kleben! Du bist es, deßen Verlust ich nie überleben werde? Du bist es, dem ich alles aufopfere — deßen Ruhe fest an der Meinigen hängt — deßen Liebe mir werden muß — oder dieser

ser glühende Kuß werde dir Gift — dieses schlagende Herz sey dir ewiger Vorwurf — diese brennende Thränen ....

Graf Reißt sich mit Gewalt los. Weg verächtliches Geschöpf!!!

Gräfinn allein.

Ha — beinahe — beinahe — hätte ich dich gedemüthiget, stolzer, elender, Wollüstling! — Rache! sei jezt mein Losungswort, schleichende, ausgedachte Rache! — Schreklich sollst du mir büßen für deine Verachtung!! — Ha! Ha! Ha! — Was sind die Männer gegen uns, wenn wir nur wollen? — — Körperliche Reizze — Vernunft — Wuth — welcher widerstände diesen drei mächtigen Vorzügen? — Bilding du bist mit deiner Wildheit — doch nur ein Mensch — hängst ebensowohl von Augenblikken ab, als Andere.

Hm! — Hm! — Hm! — O willkommen, willkommen herrlicher Gedanke! — Du sollst auf der Stelle ausgeführt werden! — richtig! — So muß es gehen! — Ich schikke der Dirne eine falsche Bottschaft — raube ihr jede Hoffnung einer Vereinigung mit dem Grafen — Ziehe den Wildfang indeßen mit freundschaftlichen Aeuserungen an mich — spiele die großmüthige Heuchlerinn — verspreche ihm Beistand in seinem Vorhaben, das weitere wird sich schon von selbst geben. —

Burg

Burg Altenburg.

Ritter Zunt. Adelheit.

Adelheit. Vater, aus Barmherzigkeit mäßigt eure Wuth, ihr bringt mich um! Weint nicht mehr auf meine Wangen, euere Thränen brennen wie höllisches Feuer!!!

Ritter. O daß ich mein mürbes Leben aushauchen könnte an deinem geschändeten Busen, um Rechenschaft fordern zu können in jener Welt von dem heuchlerischen Schurken! Gott im Himmel! Ich trage die Schande nicht länger! Kind laß mich fort! Laß mich zu ihm! —

Adelheit. Vater, ihr bringt mich zur Verzweiflung! — Ihr macht mich zur Elendesten, wenn ihr es wagt! Wollt ihr mich so frühe zur Waise machen? — Werde ich durch euere Rache glücklicher? Könnt ihr dadurch einen Gewißenlosen zur Ehrlichkeit zwingen? —

Ritter. Ha ich will den Buben troz meinen wenigen Kräften so in die Enge treiben, bis er Reue fühlt über seine Schandthat!

Adelheit. Habe ich aber dann meine Ehre wieder? — Verbreitet ihr nicht dadurch sein Verbrechen und meine Schande? —

Ritter. Du Schande? — Dich reines, englisches Geschöpf soll Schande treffen? O bei Gott, das ist ohnmögmöglich! — Alles fällt auf den Verräther zurük, ihn trift der Fluch geschändeter Unschuld! — Ha, nie bescheine ihn die Sonne ohne Vorwurf! — Vergiften mögen ihne die Küße in der Brautnacht! Verdammen das donnernde Gericht des Allgewaltigen! — Ewig peinigen die Thränen mißbrauchter Unschuld! Ich möchte heulen vor innerlicher Wuth. —

Adelheit. Vater, ihr flucht fürchterlich! —

Ritter. Tochter, du bist geschändet! — Weißt du was das sagen will? —

Adelheit. O ich weiß, daß ihr mein Herz noch mehr zusammen preßt! Ich weiß, daß wir beide unwiederbringlich verlohren sind! — Ich weiß, daß alle unsere Tage vergiftet — daß nichts als Elend unser wartet! — (Weinet heftig.)

Ritter. Weine zu Adelheit! Jede Thräne sei Rache über sein Haupt! —

Adelheit. Gott strafe ihn nicht nach dem Maasstab meiner Leiden — er würde entsezlich gestraft!

Ritter. Und du kannst für dies Ungeheuer noch Schonung fühlen? —

Adelheit. Vater, ihr lehrtet mich ja selbst Feinden verzeihen. —

Ritter. Liebes, holdes Geschöpf mit deiner englischen Seele! — Mußtest du so zertretten werden?

Ein-

Ein Knecht trit ein.

Knecht. Gnädiger Herr! Ein Eilbothe verlangt euch zu sprechen.

Ritter. Laßt ihn herein. —— Adelheit! Was bringt uns der wohl für Nachrichten? —— Kann es der Schändliche etwa noch gar wagen, Bothen an uns abzuschikken? ——

Adelheit. Ich zittere am ganzen Leibe! ——

Eilbothe trit ein.

Eilbothe. Herr Ritter, der alte Graf Bilding läßt euch herzlich grüßen. Mit Verdruß habe er die schlechte Aufführung seines ungerathenen Sohns vernehmen. Ihr möchtet für jezt mit dem guten Willen zufrieden seyn, mit dem er den jungen Frevler abstrafen wollte, als er ihm eben entwischte. —— Er ist entflohen —— Niemand weiß wohin. —— Beßere Schadloshaltung könnt ihr in dieser Lage von dem alten Grafen nicht fordern, als daß er euch von seinem Antheil Nachricht giebt. —— Gehabt euch wohl! ——

Ritter. Da haben wirs! —— Da haben wirs ja! Der Vater eben so trozig, als der liederliche Bube. O beim Himmel das ist zu viel!!! ——

Adelheit. Nicht genug, um große Seelen in Staub zu beugen. —— Vater, seht mich an, was spricht mein Blik? ——

Ritter.

Ritter. Ich begreiffe dich nicht!

Adelheit. Auch denn nicht, wenn ich euch durch meine Ruhe beweise — daß es selbst im Unglük eine Art edler Stolz giebt, der uns beruhigt? — Was wäre wohl die Unschuld für ein gleichgültiges Geschenke, wenn sie sich nicht über die gemeinen Empfindungen erhöbe? — Ich leide jezt blos, weil ihr leidet — meine Leiden sind schon lange völlige Ergebung in die Vorsehung. — Was für ein unbedeutender Schatten sind diese wenigen Lebenstage gegen eine gränzenlose Ewigkeit? — Unglük hier — verspricht uns Glük dort — Vater! — Was wollt ihr mehr? —

Ritter. Kind, du machst mich weich — das solltest du jezt nicht! —

Adelheit. Warum nicht Vater? Warum nicht? Kann uns Troz etwas nüzzen? — Ihr seid alt, entnervt — ich jung, hülflos. — Bedenkt, was mich erwarten würde, wenn ihr Preiß gäbet euer Leben? — Arm, verlaßen, müßte ich ohne Vater — ohne Gatte — herum irren! — O Vater! — Vater! — laßt es doch nicht dazu kommen! —

Ritter. (gerührt) Nein Kind, das will ich nicht — gewiß nicht! — aber fort müßen wir aus dieser Gegend. — In fremde Lande, wo uns Niemand kennt — wo wir frei um uns blikken dürfen. — Willst du? —

Adelheit. Vater, ich will alles, was euch beruhigen kann.

Ritter. So komm! Laß uns den Allmächtigen um Beistand anflehen! — Laß uns zusammen pakken das wenige, was wir haben — laß uns hinziehen in eine andere Gegend, in der wir unerkannt dem Hohn, dem Gespött schadenfroher Menschen ausweichen können — komm Kind! — in Gottes Namen, komm. —

Schloß Hohenstein.

Gräfinn Neuenfeld. der Junge Graf.

Gräfinn. Wie ich euch sagte Graf, ich halte mein Wort! Ich verwende mich von heute an bei euerem Vater für euere Heurath. Ihr sollt glüklich werden, wann es auf mich ankömmt. Ihr sollt sehen, daß auch Weiber groß handlen können. —

Viel hat es mich gekostet, euch aus dem Sinne zu bringen — doch eine andere Leidenschaft verdrängt jezt die Erste, wenn sie ihr schon an Stärke nicht das Gleichgewicht hält —

Graf. Weib! — Soll ich euch anbethen — oder fürchten? —

Gräfinn. Laßt das Erstere anderen über! — Und das Leztere taugt gar nicht für euere Lage — ihr müßt jezt thätig seyn. —

Graf. Worinnen? — Ich bin ja, wie ein Kind! — Ihr habt mich überrascht, entwafnet. —

Gräfinn. (Leichtsinnig schäkernd) Ha, das sind die Männer leicht, die ihre Leidenschaften über den Kopf wachsen laßen. — Doch Spaß bei Seite! Soll ich mit euerem Vater von der Sache sprechen?

Graf. Ich schäme mich in die Seele, euch so verkannt zu haben. Ich möchte es jezt der ganzen Welt ausschreien, Gräfinn Neuenfeld ist das Weib nicht, wofür man sie hält! — —

Gräfinn. O Graf dafür ist mir nicht bange, das werden schon andere Anbether thun! — — Aus euerem Mund würde es ohnehin wenig Glauben finden. — Nun — wollt ihr, daß ich mit euerem Vater spreche? — —

Graf. Ob ich will? Fühlt an mein Herz — und ihr wißt die Antwort. —

Gräfinn. Es sei! — Euere Sache ist jezt die Meinige. Entfernt euch, ich erwarte den alten Grafen.

Graf. (Entzükt) O Dank! den wärmsten Dank, edles Weib!

Gräfinn allein.

Ei! — Ei! — Wie zahm dies Däubchen auf einmal wird. — O Schwächling, du kriechst jezt vor einem Weibe, das du ehedessen verachtetest! — Männer! — Euch schuf der Himmel blos zu unserm Spielwerk. — Nur Geduld junger Brausekopf, Ich will mich für dich verwenden, aber nicht so wie du glaubst. — Hu. — Hu! — Wie er brausen wird, wann er Adelheitens Entfernung erfährt. Durch mich sollst du sie jezt nicht erfahren. Du mußt selbst hin zu den Ueberbleibseln

dei-

deiner Göttin — dort girren — seufzen — und
verzweifeln! —

Meine Bothschaft hat in Altenburg trefflich ge-
würkt! — Das Gesindel ist aus Feigheit in die weite Welt entflohen. Und Graf Bilding? — O der
bleibt ganz natürlich der Narr im Spiele — bis er
zulezt selbst zugreift. — (Klingelt.)

Ein Edelknabe trit ein.

Edelknabe. Was wollt Ihr gnädige Gräfinn? —

Gräfinn. Rufet mir den jungen Grafen. —

Edelknabe. Gnädige Frau, er ist schon auf dem Weg
zu Euch. — So eben sah ich ihn. —

Gräfinn. Gut! komm nur junger Starrkopf! — Ich
will dich völlig reif machen. — Du sollst der Last-
träger deiner eigenen Thorheiten werden.

Graf. Liebes Weib! — Die Ungeduld trieb mich zu
euch, eh ihr mich rufen ließet. —

Gräfinn. (Spöttisch) So was liegt in der Natur der Ver-
liebten. — Doch zur Sache! — der alte Graf hielt
mir heute Geschäften halber nicht recht Stande. —
Uebrigens zeigt er sich gar nicht abgeneigt gegen
das, was ich ihm sagte — er sähe es sogar gerne,
wenn ihr sobald möglich, nach Altenburg eilet, und
euch um den Zustand der Gekränkten erkundiget. —
Laßt Euch aber noch auf kein festes Eheversprechen

ein

ein. Ihr möchtet sonst den stolzen Vater durch eigenmächtiges Verfahren aufs neue entrüsten. Doch ihr kennt euern Vater selbst beßer, als ich — und werdet wißen, was ihr zu thun habt? —

Graf. Nun, bei Gott herrliches Weib! dieser Auftrag überzeugt mich nun ganz von deiner verkannten Aufrichtigkeit. — Vergebt mir, wenn mein Herz überströmt! — Nehmt diesen Kuß für den feurigsten Dank an, und lebt bis auf Wiedersehen wohl! —

Gräfinn allein.

Ha, Bilding! — Küßen hätteft du das liebende Weib nicht sollen. — Dieser Kuß gab der halb schlummernden Leidenschaft einen neuen Stoß! Noch so Einen, und Gräfinn Neuenfeld hört dann nur auf die Stimme der Liebe — kann dich nicht ferner martern. —

Pfui! seit wann werde ich zur empfindsamen Winslerinn? — Seit wenn schweigt mein Stolz — meine beleidigte Eitelkeit! Schäme dich Weib! Werde wieder das, was du seyn mußt Siegerin und Rächerin zugleich. —

Burg Altenburg.
Ein Greis. Junger Graf. Hubert.

Graf. Alter ihr lügt, wie der Satan! — Fort wären sie in die weite Welt; und euch hätte man allein zurükgelaßen? —

Greis. Ja, gnädiger Herr! Fort sind Oheim und Nichte! Ich würde den Unglüklichen gefolgt seyn, aber meine Kräften vermochten es nicht. Ritter Zunt hat auf einmahl alle Knechte ihres Dienstes entlaßen. Sie irren jezt herrenlos in der Gegend herum, ein einziger ist ihnen gefolgt. Mir übergab er die Verwaltung der Burg — du hast keine Vertheidigung nöthig Ubald! Da, wo Armuth wohnt, nähern sich nie Feinde. — Sprach der Gebeugte zu mir und... O wenn meine Thränen nicht ausgetroknet wären, ich würde Sie bey dem Andenken dieser Edlen bis auf den lezten Tropfen verweinen. —

Graf. Karl, mach mich mit deinem Mitleiden nicht völlig rasend! Ha, träfe mich doch in diesem Augenblik der Zorn des Ewigen! — Oefne dich Erde, um mich hinab zu reißen in deine Eingeweide! — Vater! — Tochter! — Flucht zu! — Ich verdiene es.

Greis. Nein Graf, Adelheit fluchte Euch nicht, sie vergab euch! — Duldete mit Engels-Sanftmuth ihre Entehrung — beruhigte sogar den Alten. Kann man von einem mishandelten Weibe mehr fodern? —

Graf. Ubald! — Wühle mit deiner Erzählung nicht tiefer in der Wunde herum, die von dieser Stunde an unheilbar ist! — Sprich! — Sind die Geflüchteten nirgens mehr zu erhaschen? — Ich muß sie finden, oder wahnsinnig werden! —

Greis. So wahr Gott lebt, euere Mühe wäre vergebens! — Ihr Aufenthalt blieb uns allen das tiefste Geheimniß. —

Graf. Nun so will ich hinsinken und ausjammern ein Leben, das mir ewiger, ewiger Vorwurf seyn wird! — Ich will über mein neidisches Schicksal mit den Zähnen knirschen — Ich will meinem Verbrechen so lang nachdenken, bis ich den Verstand verliere! —

Hubert. Um Gottes Willen, Graf, faßt euch! fragt den Alten um nähre Nachrichten vielleicht bekommen wir mehrer Licht: —

Graf. Ja, ja Licht werden wir in dieser Sache bekommen, du hast recht guter Thor! Ubald! — sagt mir jezt alles, was ihr wollt — macht mir Vorwürffe — zerreißt meine Seele in Stükke — ich werde es ohne Murren aushalten, seht mich nur an, ich bin kalt, wie der Tod selbst! —

Greis. Eine fürchterliche Kälte, Gnädiger Herr; beruhigt euch! — Ich glaube nicht, daß die Unglüklichen den Entschluß zu fliehen so eilig ausgeführt haben würden, wenn ihne nicht die Bothschaft eueres Vaters, oder sonst eines schadenfrohen Teufels so geschwind den Ausschlag gegeben hätte. —

Graf. Bothschaft meines Vaters sagst du? Was für eine Bothschaft? — Davon weiß ich ja kein Wort! —

Greis. Nicht? Nun dann ist meine Vermuthung wahr! Er ließ dem Ritter ganz trozig euere Flucht melden.

Graf. Großer Gott! Hast du keine Donner, den Verä- zu zerschmettern! —

Greis. Hört nur! — Ein Eilbothe brächte die Bothschaft. — Der Bursche wartete auf keine Antwort.

Ohnweit hier brach er in Gesellschaft seiner lokkeren Kameraden in ein lautes Gelächter aus — Sprach von gelungenem Streiche, von dem Wiz einer gewißen Gräfinn Neuenfeld und so weiter, dies erfuhr ich erst, als die Gekränkten schon fort waren. —

Graf. Ha! — Ha! — Ha! — Hubert! Licht in der Sache! — Licht! —

Hubert. Gnädiger Herr, das Weib hat tausend Teufel im Leibe! —

Graf. O Schandmezze! — Schandmezze! — Wir tanzen bald miteinander so, daß du dich wundern wirst! Alter lebt wohl! — Hubert wir eilen — jeder Augenblik Zögerung ist ein Diebstahl an meiner Rache! Adelheit war meine erste Liebe — Tod und Hölle über diejenigen, die sie störten.!!!

Schloß Hohenstein.

Zimmer der Gräfinn.

Gräfinn. Graf. Hubert.

Graf. (Stürzt wütend herein.) Schandlose Betrügerin, ich erwürge dich, wenn du schreist! (Hubert springt darzwischen) Ungeheuer! — Ehrvergeßnes, gottloses Weib. Schande deines Geschlechts, bald hätte ich mich an dir vergriffen! —

Gräfinn. Bilding das heißt meuchelmörderisch angefallen! — Ich werde es zu ahnden wißen. —

Graf. Du es ahnden Kreatur! — Dein verdienter Lohn ahnden? — Ha, dann müßte sich der Richter in einen Teufel verwandlen, wenn er dich mit Antheil hören könnte. — Wer in der Welt Verderben anrichten will, der stekke sich hinder ein solches Weib! — schadenfrohe Heuchlerin! — Hättest du genug Ehre im Leib, ich würde dich vor der ganzen Welt brandmarken für deine That, verächtlich, niederträchtiges Geschöpf! — Weib! — Vor der man ausspeien muß! — Ein Fußtrit ist noch zu gut für dich! —

Der Lärm wird immer stärker,
der Alte Graf kömmt dazu.

Alter Graf. Bube! — dein Vater ist hier, mäßige dich! —

Junger Graf. Ich mich mäßigen! Gegen diese Verrätherinn mäßigen? Vater! — Ihr versteht euch wenig auf beleidigtes Zutrauen, wenn ihr das fordert.

Gräfinn. (Zum Alten.) Graf ihr habt einen wohlgezogenen Buben, er mordet ohne sich umzusehen! Mißhandelt Damen in ihren eignen Zimmern, eben so leicht als Kuchenmenscher. —

A. Graf. Das thatest du, Bösewicht? —

J. Graf. Ja Vater, das that ich! —

A. Graf. Friz! Stimme deinen Ton herunter, oder ich brauche Gewalt!

J. Graf. Schaft mir das Weib aus den Augen, denn seid ihr mein Vater, aber sonst nicht! —

Alter Graf. Die Gräfinn bleibt hier! — Von ihr will ich die ganze Geschichte erfahren.

Junger Graf. Von dieser ...? — —

A. Graf. (Wütend) Schweig! — zum Leztenmal schweig! Gräfinn sagt mir, was vorgieng? —

Gräfinn. Eine unbedeutende Kleinigkeit, die blos die Ruhe eueres Hauses zum Zwek hatte! — Gerührt von euerem Gram über diesen widerspänstigen Knaben, ließ ich in euerem Namen nach Altenburg seine Flucht melden. Die angebethete Braut entrüstete sich — läuft in die weite Welt — ohne daß ich es wollte, nun kömmt der verlaßene Schäfer zurük und donnert das Wetter über mich aus. — Ich hoffe nicht, Graf, daß euch etwas beleidigen kann, das aus Liebe zu euerem tollkühnen Sohne geschah? —

A. Graf. Und das ist alles, worüber der Unverschämte so brauste? —

Gräfinn. Alles! —

J. Graf. Für einen Vater, wie ihr seid — gewiß noch zu wenig, um ihn zu rühren!

A. Graf. Glük zu Friz! — Nun bist du frei. Beßer hättest du Sie nicht los werden können!

J. Graf. O Wenn mich die höllischen Furien lieber von einer andern befreit hätten! —

Gräfinn. Meint ihr mich, junger Lekker?

Junger Graf Wen sonst? —

Gräfinn. Euer Vater mag nun unser Schikſal entſcheiden.

Alter Graf. Gräfinn! Wechſelt mit dem Nichtswürdigen keine Worte mehr. Er muß euch ſeine Hand geben und wenn ich ihn mit Ruthenhieben dazu zwingen ſollte. Buben müßen auch bübiſch behandelt werden! Welcher Vater könnte ihn jezt noch ſchonen?

J. Graf. Graf Bilding! Vater ſeid ihr nicht mehr — Ich habe mein Lebtag keine Thränen geweint. Ihr habt meinen Muth beim lezten Streifzuge kennen gelernt. — Aber euere niedrige Drohung preßt mir jezt eine ab! — Könnt ihr eueren Nachfolger ſo herabſezzen? Iſt euer Blut keiner beſſern Behandlung würdig? Mißbraucht ihr ſo euere Gewalt um einen jungen heftigen Mann zu noch mehr Verbrechen zu verleiten; die doch immer auf euch zurük fallen? Hier im Angeſicht des Ewigen ſchwöre ich euch, daß ich dieſer da, nie . . .

A. Graf. Sprich ihn nicht aus den Schwur, er nüzt dich nichts; ich will, wenn ich will, ſo mußt du auch wollen, dafür bin ich Vater!

J. Graf. Nein Tiran ſeid ihr! Ein übermüthiger Tiran, der ſich von einer Verworfenen bethören läßt! Der mich an eine Elende verkupeln will, die in ihrem vergifteten Herzen kein weißen Flek mehr behauptet! Die ſchon lange nichts mehr auf Zucht und
Ehre

Ehre hielt! Die ihren vorigen Mann zu todt ärgerte! Auf die man mit Fingern deuten wird, wenn Sie mein Weib ist! Die mein Ehebett besudeln wird! Die zum Morden, zum Ehebrechen unter einer Kälte aufgelegt ist! Wovor dem Biedermann schaudert!! Die...

Alter Graf. Schweig Ungeratheuer! Verzweiflung spricht aus dir! Nun wähle! Entweder die Gräfinn, oder Enterbung und ewige Gefangenschaft!!!

Junger Graf. Ha, aus Verzweiflung kann man ihr ja diese Wohlthat wohl wiederfahren laßen! Sie werde mein Weib dem Namen nach, zu einer nähern Verbindung soll mich selbst die Hölle nicht zwingen!

A. Graf. Gräfinn! Ihr seht, wie die Sachen stehen, weiter kann ich es jezt mit diesem tolldreisten Kopf nicht treiben. Bedenkt euch wohl, eine unglükliche Ehe.

Gräfinn. (Stellt sich dem Alten fürs Gesicht hin.) Seht mich an! Kann man mit diesem Gesicht unglüklich werden?

A. Graf. Das wollen wir nicht hoffen schöne Gräfinn! Nicht wahr Friz?

J. Graf. Graf Bilding euer Spiegel blendet mich nicht!

Gräfinn. Trozkopf! Wer verliert mehr ich oder du?

J. Graf. Ihr habt wenig mehr zu verliehren! haltet euch immer schabios, nur nicht an mir.

Ab-

Alter Graf. Gräfinn kommt! Morgen wird der Vogel schon lieblicher pfeiffen!

Junger Graf. Ihr irrt euch bei Gott! —

Junger Graf allein.

Eine größere Strafe hätte ich dem Weibe wohl nicht anthun können! Sie soll an meiner Seite Tage erleben, wie Sie es verdient. Diese Rache bin ich dir schuldig Adelheit! Langsam will ich die eitle Buhlerinn abmartern, bis Sie an ihrer mißlungenen Eroberungssucht erstikt! Komm nur schöne Furie! Komm nur, es warten Dinge auf dich, über die du dich am Ende entsezzen wirst!

Schloß Höhenstein.

Zimmer der Gräfinn.

Gräfinn. (Sizt vor dem Puztische.) So viel Mühe hat mich noch keine Eroberung gekostet. Alle meine Kunst prellt an dem Fühllosen ab. Ich möchte rasend werden, daß mir die Eroberung meines eignen Mannes mißlingt. Jemehr er sich mir widersezt, jemehr empört sich meine Eitelkeit. Zu toll darf er mich nicht machen, sonst weiß ich, was ich zu thun habe. — Man beneidet ihn um meinen Besiz; und ich beneide Andere um den seinigen. Ha! Ha! Ha! Es geht wunderlich zu in der Welt! Bald fängt es mich an zu reuen, daß ich dem Undankbaren meine Hand gab

gab, — ihn kann es nicht reuen, er gab sie mir gezwungen. Wenn du so fort fährst, Trozkopf, denn sollst du noch weit ärger gepeiniget werden. Ich besize kalte Uiberlegungskraft genug dich mit Vorsaz zu quälen. (Klingelt.)

Ein Edelknabe trit ein.

Gräfinn. Geht zum Grafen, sagt ihm: ich hätte ihm wichtige Dinge zu sagen, er möchte gleich zu mir kommen.

Edelknabe Wenn er aber nicht kommen will gnädige Frau?

Gräfinn. (Stolz.) Ist das euere Sache? geht! (Für sich) Er wird schon kommen, dafür ist mir nicht bange. Er weiß, daß ich ihn Schritt für Schritt verfolge, wenn er nicht kömmt. So was weicht der empfindliche Held gerne aus. Es giebt eine gewiße Art, die Männer spielend zu quälen und die ist mir so ziemlich eigen, heute bin ich just in der Laune. Ich will ihn so in die Klemme jagen, daß er selbst nicht weiß woran er ist. Dacht ichs doch! Ich höre ihn ja schon. (Sezt sich nachläßig aufs Ruhebeth.)

Graf. Gräfinn.

Graf. Gräfinn, was habt ihr mir für Wichtigkeiten zu melden? Was soll ich hier?

Gräfinn. Mir die Langeweil vertreiben, Graf!

Graf.

Graf. Dazu werdet ihr mich wohl nicht nöthig haben?

Gräfinn. Doch! Doch! Graf, in diesem Augenblicke schon.

Graf. Ich sollte euch gewiß die Lücke ausfüllen helfen, die Andere übrig ließen?

Gräfinn. Seht doch! Wenn Andere euer Weib schön finden, kann das einen Gleichgültigen, wie ihr seid verdrießen? Denkt einmal Graf; ich habe gestern wieder eine Menge Eroberungen gemacht! Ich würde sie alle nichts achten, wenn es nicht um euertwillen geschähe. Der Weihrauch, der mir gestreut wird, fällt doch immer auf euch zurük. Ich mache euch gerne zum Vertrauten in Dingen, die euch Freude machen werden. Aber sagt mir, findet ihr nicht, daß die Männer Thoren sind, die um den Besiz eines andern Weibes buhlen?

Graf. Bößewichter sind es, lockere Buben!

Gräfinn. Wie so?

Graf. Fangt ihr schon wieder an, mich auf Schrauben zu stellen?

Gräfinn. O ihr seid ja kalt genug, um nichts übel zu nehmen!

Graf. Merkt euchs! nur gegen gewiße Leute.

Gräfinn. (Munter,) Graf eine Neuigkeit! der schöne Ritter Balding hat mir zu gefallen auf Morgen, eine Jagdlustbarkeit festgesezt.

Graf. (Mit Kälte.) So. —

Gräfinn. Die Partie soll glänzend werden! —

Graf. (Mit steigender Kälte.) Das ist wohl möglich.

Gräfinn. Das Fest soll erst den andern Tag in der Frühe sein Ende erreichen. —

Graf. Gut für euch! Dann habt ihr Zeit Eroberungen zu machen.

Gräfinn. O Ich will wieder Weiber und Männer an einander hezzen! Sie sollen für Zorn halb bersten.

Graf. So was scheint ziemlich euer Handwerk zu seyn, ihr versteht euch auf die Kunst, Leute toll zu machen, vortreflich!

Gräfinn. Das müßt ihr nicht sagen, Graf; bei euch mißlingt mir diese Kunst immer! Ihr seid ja die Sanftmuth selbst.

Graf. Sagt mir nur, was soll das Geplauder? Sind das euere Wichtigkeiten, die ihr mir zu sagen habt? Beehrt Andere damit, die mehrer Gek sind als ich, lebt wohl! (Die Gräfinn hält ihn zurük.)

Gräfinn. Ich bitte euch, seid doch nicht so äußerst freigebig mit euerm Zeitvertreib, ihr lauft sonst Gefahr für einen höflichen Mann ausgeschrien zu werden!

Graf. Bin ich euer Mietling, daß ihr mich zum Hofnarren dingen wollt?

Gräfinn. Ich würde euch wahrlich beßer ziehen, wann ihr das wäret! —

Graf. Dazu seid ihr nicht gemacht! Ich tanze nicht gern nach andrer Pfeiffen.

Gräfinn. Wenn ihr aber müßtet?

Graf. Wer in aller Welt kann mich dazu zwingen? —

Gräfinn. Hu! Hu! Wie ihr schon wieder braust! Die Liebe, schöner Graf, kann euch dazu zwingen!

Graf. Gräfinn ihr seid blind!

Gräfinn. Nur dann, wann ich es seyn will! Fragt einmal meine Kammerzoffe Mariane, ob ich es bin? —

Graf. Mariane? —

Gräfinn. Dieser Name jagt euch Blut in die Wangen, und das soll er nicht. —

Graf. (Trozzig) Und warum nicht? wer hat was dagegen?

Gräfinn. Die ganze ehrbare Welt! —

Graf. Aber ihr am meisten, soviel ich sehe.

Gräfinn. Ich bewundere euern Geschmak, er sticht gegen Adelheit sehr ab.

Graf. So viel ich merke, so wißt ihr Zeitvertreib von Liebe wenig zu unterscheiden. Übrigens werde ich den

Erstern von heute an recht fleißig zu benützen suchen, daß ihr es nur zum voraus wißt Gräfinn!

Gräfinn. Um mir zu trozzen!

Graf. Nein! Um euch mit der zugeschwornen Gleichgültigkeit pünktlich Wort zu halten.

Gräfinn. Glaubt ihr, daß mich das kränkt?—

Graf. So eitel bin ich nicht! Aber ohne Ursach warfst ihr mir Mariane, doch auch nicht vor.

Gräfinn. Da habt ihr Recht! Ich wollte euch nur meinen Antheil beweisen. Ihr seid ja nicht der erste Edelmann, der seinen Adel mit Koth beschmuzt.

Graf. Unverschämte!—

Gräfinn. Wer seines gleichen nicht verdient, muß ganz natürlich mit dem Allgemeinen vorlieb nehmen, dergleichen Eroberungen kosten nicht viel Kopfbrechen; dieser Mühe seid ihr überhoben Graf. Ob nun diese Wahl euerm Geschmak Ehre macht oder nicht; was kümmert doch euch das? Euch ist wohl wenig daran gelegen, wenn ihr auch Marianens Liebe mit einem Knechte theilen müßt. Auf solche Kleinigkeiten achten Philosophen nicht! Ihr seid hierinnen überhaupt sehr zum Phlegma geneigt, es scheint euch ganz gleichgültig, wer euere Schwäger sind?

Graf. In Rüksicht euerer ganz gewiß!

Gräfinn. Aber mir in Rüksicht euerer nicht!

Graf. Bis dahin wollte ich es eben haben; es freut mich herzlich, wenn ihr den Vorzug fühlt, den ich Andern gäbe! Erst jezt andern geben werde; weil ich von euerer Eifersucht überzeugt bin.

Gräfinn. Überzeugt? Ha! Ha! Ha! Gefangen, in euerem eigenen Nezze gefangen! Ich wollte ja nur die Wahrheit euerer Buhlschaft erforschen. Nehmet euere Vermuthung zurük, ein Weib mit meinen Reizen kann ohnmöglich eifersüchtig seyn, jezt weiß ich durch euch selbst, was ich zu wissen wünschte. Wollt ihr über diesen Punkt fernere Beweise meiner Gleichgültigkeit, so stehen sie euch zu Diensten. — Wißt ihr was Graf! — Wir stellen unsere Eroberungen gegeneinander, der, der sich ihrer am ersten zu schämen hat, giebt sie auf — Wollt ihr?

Graf. Wer gab euch das Recht, mir vorzuschreiben?

Gräfinn. Ihr seid ja mein lieber Mann! Wir sind so enge verbunden, daß ich mich bisweilen vergesse und auf Rechnung euerer Liebe etwas ungereimtes sage. Wißt ihr noch, wie ihr mir lezthin im Taumel der Liebe selbst das Recht dazu einraumtet: —

Graf. Ich! —

Gräfinn. Wie ihr mich an euern Busen brüktet und voll schwärmerischer Liebe unter tausend feurigen Küßen fast erstiktet — Wie ihr so ganz hingerißen an meinem Busen nur für mich lebtet. — Wie...

Graf.

Graf. Gräfinn! Seid ihr von Sinnen? — Ich habe euch ja so lange wir beisammen sind, noch nicht einmal eine Hand berührt!

Gräfinn. (Mit Ironie) Richtig Graf! Ihr habt Recht. Es war ein Anderer, der das Alles that. Vergebt mir meinen Irrthum! —

Graf. Tod und Hölle Weib! Wenn ich länger bleibe; so macht ihr mich noch zum Narren! (Ab.)

Gräfinn allein.

Schmekts euch Herr Graf? Schmekts? Ihr bekommt wieder etwas zu verdauen! Dergleichen Auftritte werden schon mehrere folgen — Ihr könnt euch darauf freuen — fühlloser Ehemann!! —

Alter Graf. Gräfinn.

Alter Graf. Aber sagt mir nur Gräfinn, was habt ihr denn schon wieder mit euerm Mann gehabt? — Er tobt und wütet fürchterlich!

Gräfinn. Spaß, lieber Graf, sonst nichts! Ich habe mit ihm geschäkert, so wie man mit bösen Buben schäkern muß. Darüber brausste er auf — und lief davon — kann ich nun was dafür, wenn diese Heftigkeit in seiner Natur liegt.

A. Graf. Das nicht Gräfinn! Aber ihr solltet doch behutsammer mit ihm umgehen.

Gräfinn. Nicht doch Herr Graf. Ihr hättet ihn behutsamer erziehen sollen; Auch die sanftmüthigste Seele kann jezt nicht mehr mit ihm auskommen!

Alter Graf. Er hat doch im Grunde ein gutes Herz.

Gräfinn. Aber blutwenig Vernunf! So wenig, daß er sich selbst nicht einmal kennt, würde er sonst so widersprechend handeln?

A. Graf. Wie so? —

Gräfinn. Er verabscheut sein Weib, betrügt eine Geliebte, die er zu lieben vorgiebt, und hängt jezt mit Leib und Seele an einer gemeinen Dirne. —

A. Graf. Gräfinn, bedenkt wohl was ihr sagt! Könnet ihr das beweisen? —

Gräfinn. Warum nicht! Meine Kammerzoff Mariane wird euch das Geständniß selbst machen, wenn ihr es verlangt. In der That ihr erlebt große Ehre an euerem Sohne. Er will euere Familie fortpflanzen helfen — freilich nicht auf die rühmlichste Art. So niedrig seine jezige Buhlschaft ist, eben so niedrig müßen seine Gesinnungen seyn! Was dünkt euch von dieser schönen Aufführung; Graf?

A. Graf. Was mich davon dünkt? — Daß er ein ausgeschämter Bube ist! und es wohl ewig bleiben wird. —

Gräfinn. Ihr seid sehr zaghaft Graf! Um diesen Preis möcht ich nicht Vater seyn.

A. Graf. Und ihr seid sehr wunderlich Gräfinn! Kann ich wohl einen veralteten Starrkopf zur Vernunft zwingen? Ihr wißt, Gewalt macht ihn noch ärger!

Gräfinn. O der Knabe kann wahrlich noch nicht viel von Gewalt sprechen, Ihr habt ihn bis jezt so ziemlich geschont. — Daher seine schändliche Aufführung — seine Mißhandlungen gegen mich. —

A. Graf. Was sagt ihr, er hätte euch mißhandelt?

Gräfinn. Nicht nur einfach, aber zehenfach! — Bin ich nur darum sein Weib, um einer Kammerzoffe nachgesezt zu werden? Glaubt aber deßwegen nicht Graf, daß es meinen Reizzen an Verehrern fehlt, an Männern, die mit ihrer Geburt der seinigen trozzen können — Aber je höher ich mich schwinge, je tiefer sinkt er herab, bis zur niederträchtigsten Wahl. — Pfui? Graf Bilding heißen — und diese Buhlschaft — ich möchte um alle Welt nicht Vater von einem solchen Sohn seyn. Übrigens sag ich euch Graf., entweder handelt euer Sohn bald als Mann gegen mich, oder ich ziehe mit nächstem mein Vermögen zurük. Ihr wißt doch, daß dieß unser Vertrag war? —

A. Graf. Liebes, holdes Weib! Seid nur gelassen. Und laßt mich die schändliche Aufführung eines Ungerathenen nicht entgelten. Ich will thun, was euch gut dünkt, um ihn auf andere Wege zu bringen. —

Gräfinn. Ich wage jezt noch einen Versuch — und dann wollen wir sehen. — Weißt ihn nur an mich, wenn er euch vorklagen will.

Alter Graf. Verlaßt euch darauf, liebe Gräfinn! —

(Ab.)

Gräfinn allein.

Alter Dummkopf fühle jezt den Lohn, denn du verdienst. Ohne dein Geiz würde ich wohl nie deine Schwiegertochter geworden seyn! — Vater und Sohn euch erwarten qualvolle Tage! Ihr sollt büßen für den Frevel, Gräfinn Neuenfeld eueren Leidenschaften aufgeopfert zu haben. — Jezt hin zum jungen Starrkopf! Ich will ihn wieder so martern, daß er durch mich jedes weibliche Geschöpf verflucht!

Zimmer des Jungen Grafen.

Gräfinn. Graf.

Gräfinn. Denkt Graf, ich habe mich verirrt! Ich wollte zu meinem Manne und gerieth wider meinen Willen in euer Zimmer.

Graf. Seid ihr schon wieder da, um mir das Leben zur Hölle zu machen? —

Gräfinn. Gequält muß es nun einmal seyn! Ob ihr mich, oder ich euch quäle, ist das nicht gleich viel?

Graf. Nur mit dem Unterschied — daß ich euch ohne Vorsaz, und ihr mich mit Vorsaz quälet.

Grä=

Gräfinn. Ei — ei — merkt ihr das Graf? — So durchtrieben hätte ich euch nicht vermuthet. —

Graf. Einen Plagteufel, wie ihr seid, zu begreifen, da zu gehört freilich mehr als alltäglicher Verstand. —

Gräfinn. Graf! Ihr fangt an galant zu werden! Sagt mir doch mehrer solche Schmeichelleien, sie behagen mir unendlich.

Graf. Wenn ihr das für Schmeicheleien haltet, so seid ihr eine Närrinn!

Gräfinn. Nicht so ganz, wie ihr glaubt! — Seht Graf, Ich weiß mich mit der Einbildung zu ergözen. Ihr würdet minder mürrisch seyn, wenn ihr das auch könntet. Betrachtet mich einmal! Freude und Entzükken wohnt, troz euerer Kälte, in meinen Blikken. Ich möchte euch wohl nicht die Schadenfreude gönnen, über meine Thränen zu lachen. Ubrigens seid Ihr ein Erzmurrkopf, wenn ich lache, so flucht ihr. — Laßt mir doch meine Freude! — Ich gönne euch ja gerne den Vorzug, mir Stof zur Belustigung zu liefern. —

Graf. (Drohend) Weib! — Weib! —

Gräfinn. (Im nämlichen Ton.) Mann! — Mann! —

Graf. Ich bin euer Mann nicht! — Laßt mich mit Ruhe! —

Gräfinn. Das heißt, ich soll hier bleiben! — (Sezt sich aufs Ruhebeth.) Nicht wahr, ich verstund euch recht?

Graf. Nein! Das heißt, ihr sollt gehen! —

Gräfinn. Wenn ich aber nicht will?

Graf. O dazu seid ihr unverschämt genug!

Gräfinn. Bilding, ihr wißt, Weiber sind neugierig, ich möchte jetzt gerne ein bisgen auflauren, um das Mäuschen in der Falle zu erblikken.

Graf. Nehmt euch in acht, daß ich euch nicht selbst darein jage!

Gräfinn. Ha! Ha! Ha! Das wollen wir sehen! Habt ihr heute Mariane noch nicht gesprochen?

Graf. Was geht das euch an?

Gräfinn. Ich habe mich heute, um Sie, bei einem Knechte erkundigt. — (Läßt, wie von ungefähr, einen Ring fallen.)

Graf. (Hebt ihn eilends auf.) Weib! Wie kömmst du zu diesem Ring?

Gräfinn. Was geht das euch an? Was kümmert euch dieser Ring? Ihr werdet doch keinen Ring mit einem Knechte gemein haben wollen?

Graf. Mit einem Knechte? Boshafte, du lügst! Mariane ist keine Heuchlerinn!

Gräfinn. Ah! — Nun versteh ich den Spaß! Ihr gabt ihn euerer Buhlerinn Mariane; Sie gab ihn
dem

dem Knecht, der Knecht gab ihn mir um Geld. — Freut euch doch Graf! So kommen doch euere Geschenke weites. Ha! Ha! Ha! Marianens Treue ist Gold werth!

Graf. (Betäubt für sich.) Marianne! Mariane! Du, deren Unschuld mir heilig war, du eine Buhlerinn? Du, die ich blos schäzte, weil du meiner Adelheit gleich sahst, du könntest dich mit Knechten abgeben? O Weiber! Weiber! Wenn der Satan nichts mehr ausrichten kann, so schikt er euch!

Gräfinn. Und doch könnt ihr Männer uns nicht entbehren.

Graf. Hab ich euch um etwas gefragt?

Gräfinn. Wollt ihr mir zu antworten verbieten? Seht ihr nun, wie die unschuldigen Täubchen euch zum Narren halten, ihr habt es so gewollt! Ha! Ha! Ha!

Graf. Weib! spotte mich nicht ferner, oder bei Gott!

Gräfinn. Mann! Beschimpfe mich nicht ferner, oder bei Gott!

Graf. Tollkühne! — Seyd ihr rasend! —

Gräfinn. (Wütend.) Elender Bube! — Glaubst du, daß du mit mir immer machen kannst was dir beliebt? Wo stekkt denn deine Mezze, kömmt sie noch nicht? O käme sie doch bald, ich wollte sie vor deinen Augen mit den Füßen in Stücke zerstampfen! — Du könntest dich dann weiden an diesem Anblick! —

Graf. Weib! Raserei spricht aus dir! —

Gräfinn. Ja Raserei! Ich bin das Schandleben satt! Ich muß die Dirne selbst aus dem Wege räumen! Zeigen will ich dir, Betrüger, daß auch Jener in meinen Adern glüht! Ich will den Tanz vollenden, damit du und deine Meße vor der Welt so ausgeschrien werden, wie es euch gebührt. Ha! Käme Sie doch! Käme Sie doch jezt gleich!

(Graf geht ängstlich zur Thüre —— hört Marianen kommen, ruft ihr entgegen.)

Graf. Unglükliche! nähere dich nicht! —

Gräfinn.)Außer sich.) Ha! — Willkommen! Willkommen! —

(Will Marianen entgegen, Graf hält Sie —— Sie zieht einen Dolch. Zielt nach seinem Herzen —— er entwafnet Sie — wirft Sie zur Erden.)

Graf. Furie! Hier liegst du! —

(Der Lärm wird stärker. —— Man schlept die Gräfinn sinnlos weg, —— der Graf läuft in der Verwirrung Marianen nach.)

Zimmer des alten Grafen.
Alter Graf. Junger Graf.

Junger Graf. Vater! Ihr habt eine Mordthat zu erwarten, wenn ihr meine Abreise nicht zugebt! —

Sie

Sie oder ich, gleich viel! — Ihr habt den lezten Auftrit mit Schaudern erfahren. — Ich will, mag und kann neben dem Weibe nicht mehr leben! —

Alter Graf. Du willst also auf Streifzüge ausziehen? Deinen Alten Vater an Bettelstab bringen und wie ein ruchloser Räuber in der Welt herum ziehen? —

Junger Graf. Beßer! als an der Seite eines solchen eingefleischten Teufels bleiben! — Die besessene Furie wird sich schon noch besinnen, eh Sie ihr Vermögen zurük zieht. — Wo will die Kreatur hin? Ist Sie nicht von aller Welt verlaßen?

A. Graf. Nicht so sehr, als du glaubst. — Sie hat Anbether genug, die mir Fehde anbiethen werden. —

J. Graf. Vater. Ich bitte euch um Gottes Willen, seid doch Mann! Lernt doch die Natur der Böswichter kennen. Wo nähmen Sie den Muth her, euch etwas zu thun? —

A. Graf. Das, was Sie nicht selbst ins Werk sezzen wollen, werden Sie schon durch Hezzerei dahin bringen. Ihr kennt ja die zerrütteten Umstände meines Haußes?

J. Graf. Ja wohl kenne ich sie! Doch ich will euch jezt keine Vorwürfe machen! Ihr seid ohnehin genug gebeugt! verlaßt euch auf meinen nervigten Arm! Ich bin immer in der Nähe. Will das Weib nicht zahm werden, so sperrt Sie ein, legt Sie an Ketten, Sie hat es um uns alle verdient. Gebt ihr ja das Vermömögen nicht zurük und wenn Sie rasend würde, ich hab es mit meiner zeitlichen Glükseligkeit theuer genug bezahlen müßen! —

Hat man gegen euch etwas vor, so laßt mich es gleich wissen! Ich streife jezt eine Zeit lang in der Gegend von Rangolsweil herum. — Lebt wohl Vater! Seid vergnügter als euer unglüklicher Sohn!

Alter Graf. Leb wohl Friz! Aller Segen Gottes mit dir! —

Im Walde.

Graf Bilding. Mehrere Ritter und Knechte.

Graf. Nicht wahr meine Freunde! Die Spleenberger haben sich meisterhaft gewehrt? Wenn uns in diesem Jahre alle so Stand gehalten hätten, so dürften wir wohl unsere Streifereien aufgeben.

1ter Ritter. Ja sie haben uns tüchtig zu schaffen gemacht! Im Kloster Goldthal wirds wohl nicht so manchen Schweißtropfen absezzen.

2ter Ritter. Wir wollen den Nönchen heiße Angst einjagen! Sie müßen uns heraus geben, was sie haben und ihren Besiz dazu. —

Alle. (unter Freudengeschrei.) Ja! Ja! Wir wollen die Weibsleute in die Enge treiben!

Graf.

Graf. Brüder, Freunde, hört mich! Hier vor dem Allmächtigen sei's geschworen! der Erste unter euch, der es wagt, eine Nonne zu schänden, dem spalte ich den Kopf! Einmal in meinem Leben war ich ein solcher Böswicht, aber wenn mir Gott Gnade giebt, nimmermehr! Glaubt mir, ich sähe es weit lieber, wenn wir gar nicht hin zögen. Was werden wir wohl bei den Weibern vieles erbeuten?

(Es entsteht unter den Leuten ein lautes Murren.)

Mein Vorschlag behagt euch nicht, meine Freunde! Nun wohl! So ziehen wir nach dem Kloster Goldthal zu. Aber schwört mir zum voraus, daß ihr mir in allem getreu folgen wollet. Schwört mir freiwillig, ohne Zwang, sonst reiß ich mich los von euch; Ich mag nicht der Anführer einer zügellosen Rotte seyn!

Alle. Wir schwören! —

Graf. Nun dann meine Getreuen, der Himmel wird uns bei diesem Vorsaz gewiß segnen!

1ter Ritter. Ob die Nonnen wohl so etwas vermuthen werden?

2ter Ritter. Die Abbtißinn soll eine erzschlimme Here seyn!

3ter Ritter. Ein Weib, die allen Heiligen die Füße abbethen will.

Graf

Graf. Damit wird Sie bei uns wohl wenig ausrichten.

1ter Ritter. Unser liebe Herr Gott kann unmöglich über die Ausrottung dieser unnüzzen Geschöpfe zürnen; Die täglich mehr unschuldige Dirnen zu ihrem Orden beschwazzen.

2ter Ritter. Nicht nur beschwazzen, wohl gar zwingen!

Graf. Was sagt ihr, zwingen?

3ter Ritter. Ja Graf! Unter den schändlichsten Kunstgriffen zwingen?

Graf. Rache zu seiner Zeit über die Gewissenlosen!

Alle. Rache über die Gewissenlosen!

Graf. Wären wir nur schon dort! Freunde! Gebt genau acht, was ich mit der Frau Abbtißinn spreche.

Alle. Das wollen wir.

1ter Ritter. Graf! Wollt ihr denn mit ihr zu erst noch eine gütliche Unterredung halten?

Graf. Gegen dem schwächern Geschlecht eilt man nicht zu erst zu den Waffen. Ich will sehen, wie sich das Weib anläßt. Trozt Sie; denn soll Sie mich kennen lernen!

3ter Ritter. Graf! Wir sind schon nahe bei Goldthal; Hört ihr! Schon klingt uns der Schall ihrer Musik entgegen.

Alle

Alle. Ja, ja, wir hören's auch! —

Graf. Gut! Jezt reitet zu meine Tranten! damit wir das Fest nicht versäumen, das sie vorhaben.

1ter Ritter. Davon werden wir wohl wenig zu sehen bekommen. Die Weiber halten ihre Alfanzereien gerne geheim.

Graf. Wenn sie ein gutes Gewißen hätten, würden sie das nicht thun. Gebt acht meine Freunde! daß man euch nicht zu früh gewahr wird!

1ter Ritter. Graf! Ich weiß einen Schleichweg. — Gebt Befehl, daß man die Roße mit den ältesten Knechten hier im Thal stehen läßt, damit wir Uibrigen zu Fuß hinaufklettern können.

Graf. Aber können wir das, ohne gesehen zu werden?

1ter Ritter. Ja wir können's! Wir bedekken uns zur Vorsorge mit Gesträuche und so klimmen wir hinauf bis zur Porte.

Graf. Muthig meine Freunde! Der Vorschlag ist gut. Die Nonnen sind jezt ohnehin in voller Beschäftigung. Seid ihr bereit?

Alle. Ja wir sinds. —

Graf. Diese Roße mit diesen Knechten bleiben hier im Thal und warten unser. Ich gehe voran, folgt mir!
(Alle folgen ihm nach. Sie erklimmen den Berg.)

An der Porte des Klosters.

Graf. Klopft noch stärker! —

Pörtnerinn. (Inwendig.) Gelobt sey Jesus Christus Wer klopft?

Graf. Eine Ritterschaar! Aufgemacht! —

Pörtnerinn. Das muß ich der würdigen Mutter zu erst melden! —

Graf. Macht auf, oder wir sprengen die Thüre!

Pörtnerinn. O du heilige Jungfrau Maria, was ist das? — Ich glaube, der Satan will uns an diesem heiligen Tag in Versuchung führen!

(Oeffnet die Porte.)

Graf. Wo ist die Abbtißinn —

Pörtnerinn. In der Kirche, gnädiger Herr!

Graf. Was thut Sie da?

Pörtnerinn Bethen! —

Graf. Das mag Sie ein andermal thun! ruft Sie und führt mich ins Sprachzimmer.

Pörtnerinn. Aber gnädiger Herr, ich ...

Graf. Alte! Brummt mir den Kopf nicht voll, und geht. — — Einige von euch meine Freunde begleiten mich! Die andern bleiben hier und halten Wache! Kommt!

Sprachzimmer.

Graf. Abbtißinn. Ritter und Knechte.

Graf Gott grüß euch würdige Frau!

Abbtißinn. Gott dank euch, Herr Ritter! Was ist euer Begehren?

Graf. Wollt ihr uns gütlich geben, was ihr im Uiberfluße besizt, so ziehen wir wieder ab. Wollt ihr nicht, so brauchen wir Gewalt. —

Abbtißinn. Im Namen unserer heiligen Ordensstifterinn antworte ich euch, Hunger und Elend ist bei uns genug zu finden. Wenn ihr das wollt, Herr Ritter, so steht es euch zu Diensten!

Graf. Mich dünkt, ihr habt den Muth mich zu belügen! —

Abbtißinn. Ich belüge euch nicht! wir sind Kristinnen und scheuen solche Sünden. Verzieht nur eine kurze Zeit, dann will ich euch die Wahrheit unserer Armuth beweisen. Jezt muß ich wieder in die Kirche. Wir waren eben an der Einkleidung einer jungen Dirne begriffen, als ihr uns störtet.

Graf. Auch wir wollen Zeugen von dieser Zeremoniesepn,

Abbtißinn. Gott bewahre! das ist wider unsere heilige Ordensregel! Die junge Dirne darf jetzt keine Mannsleute erblikken! Sie möchte Anfechtungen bekommen. Sie hat ohnehin noch immer eine unglükliche Liebe im Kopf, weint und seufzet über einen entflohenen Liebhaber.

Gräf. Allgütiger Gott! Wenn es etwa gar meine Adelheit wäre! Geschwind, geschwind saget mir, wie die Dirne heißt? —

Abbtißinn. Herr Ritter! das verbietet mir meine Pflicht!

Gräf. Hartherzige Andächlerinn! Sagt mir die Wahrheit, oder ich laufe selbst in die Kirche!

Abbtißinn Heilige Jungfrau Maria bitt für uns! Wir sind in Schänders Hände gerathen! —

Graf. Weib! Zögere nicht länger! Oder du hast ausgelebt!

(Stößt mit der Faust so stark ans Gitter, daß die Abbtißinn zusammen fährt.)

Abbtißinn. Jesu Maria, verschont mich nur! — Ich will euch ja sagen, was ich sagen darf. Die Dirne, die wir einkleiden, heißt Adelheit von Zollner, Ihre Aelteren starben frühe. Ich bitte euch um Gottes und der heiligen Maria Willen, stört diese Gottgeweihte Unternehmung nicht! bedenkt, ihr liefert dem Satan eine Seele in den Rachen! —

Gräf.

Graf. Weib! Du bist sehr gewissenhaft! Ich will euere Possen nicht stören, aber gebt den Augenblik Befehl, daß man mit der Einkleidung nicht weiter schreitet, bis ich weiß, woran ich bin.

Abbtißinn. In Namen Jesu laßt ab von euerem Begehren, ich kann es nicht erfüllen! die Dirne hat schon ewige Keuschheit geschworen, liegt schon am Fuß des Altars unter dem Leichentuche — Es fehlt nur noch an einigen Zeremonien, dann ist die Braut Christi eingeweiht zur ewigen Glükseligkeit.

Graf. Ich wollte, daß du mit deiner Scheinheiligkeit bei allen Teufeln wärst! Ich sag euch zum Leztenmal, reizt mich nicht länger! Den Augenblik gebt Gegenbefehle, oder ich stekke euer Kloster in Brand!

Abbtißinn. (Fällt auf die Knie.) O um Gottes Christi Willen thut das nicht! Verschont uns armen Sünderinnen! Seht ihr, ich will ja, ja ich will euch folgen. Habt nur wenige Augenblikke Geduld! Gleich bin ich wieder bei euch! (Ab.)

Graf. Freunde! Geht schnell zur Kirchenthür. Laurt genau auf, merkt ihr Betrug — ich traue der Schlange nicht, so eilt, was ihr könnt hieher! O Adelheit! Adelheit! wenn du es wärst!

Abbtißinn. (Eintretend) Euere Befehle sind auf Rechnung eueres Gewissens vollzogen! Auch habe ich mich um die Umstände genau erkundigt; es ist nicht die Adelheit die ihr sucht. Seid nur so gut und versieht

hier

hier so lange, bis die armen unschuldigen Nonnen wieder in ihren Zellen sind. So viel Mitleiden werdet ihr doch wohl besizen?

Ein Ritter. (Stürzt herein.) Graf! Macht euch auf! Verrätherei! Ihr seid betrogen, schon stimmen sie in der Kirche die Trauermusik an.

Graf. Ha! heuchlerische Schlange! du hast mich betrogen. — Auf meine Freunde! Auf zur Rache!

(Es drängen sich alle der Kirchenthüre zu.) Brecht auf, sezt noch einmal an! Sprengt die Thüre ein! Laßt mich voran!!!

Stürzt zum Altar hin —— reißt der knienden Nonne das Leichentuch vom Kopf!

Erblikt seine Adelheit, drükt die ohnmächtige Geliebte feurig an sein Herz. Die Anderen beschäftigen sich indeßen mit Zerstören —— und die Nonnen lauffen in der Angst herum.

Du bist es Engel! Du bist es! Weib meines Herzens, finde ich dich hier wieder? Hier in dem Aufenthalt geheiligter Bosheit! Im Tempel Gottes, wo Lug und Trug herrscht! Komm! Auf meinen Armen will ich dich in Sicherheit bringen! Blik herab, Allmächtiger, höre meinen Schwur! Ich will diesem Weibe die Thränen reichlich vergelten, die Sie um mich weinte!

Brüder! Freunde! Haltet ein! Raubt nichts aus der Kirche! Kehrt ins Kloster zurük, peitscht die Abbtißinn mit Ruthen, nehmt, was euch überflüßig dünkt, aber schwört mir noch einmal, daß ihr die Unschuld schonen wollt!

Alle. Wir Schwören beim heiligen Gott!

Graf. Nun geht! Gebt allen Nonnen ihre Freiheit! Kommt mir bald nach, ich eile mit meiner theuren Beute ins Thal!

Eine düstere Höhle.

Graf Bilding sizt verzweiflungsvoll in einer Ekke. — Adelheit kniet ihm gegen über. — Alles geht bei dem düstern Schein einer Lampe vor.

Adelheid. Allgewaltiger Gott im Himmel, wann du gerecht seyn willst, so sieh nicht herab auf die Freylerinn, die deinen tausendfachen Fluch verdient!

Graf. Weib! Ich bitte dich, spanne meinen Gram nicht höher! Oder die Seiten reißen, reißen fürchterlich! —

Adelheit. Ha! Möchten sie doch so reißen, daß sie dich und mich mit einemmal befreiten von der Gewissensangst, die uns martert! —

Graf. Schwaches Geschöpf! Noch immer kannst du den Schritt aus dem Kloster für Sünde halten? Entriß ich dich nicht der Andächtelei. Gab ich dir nicht einen Gatten wieder, der dir gehört? Adelheit! Liebes theures Weib, beruhige dich! — um Gottes Willen beruhige dich! —

Adelheit Ich kann nicht! Ich kann nicht! Die Stimme, die laut in mir spricht, ist der redende Beweis meines Verbrechens! Du bist es, der mich jener heiligen Ruhe entriß, die in der einsamen Zelle auf mich wartete. Dort allein hätte ich abbüßen können deine und meine Sünden. — Dort hätte ich dem Allmächtigen beßer dienen können, als in den Armen eines Verführers! Weh dir! Du scheutest dich nicht den Tempel Gottes zu entheiligen! Du gabst mich aufs neue Preis den stürmenden Leidenschaften! Du machtest mich im Augenblikke einer geheiligten Handlung zur Mitschuldigen, zur Gotteslästerinn!

Graf. Adelheit! Du bist ein unbarmherziges Geschöpf. Bei Gott, die Weiber sind unbegreifliche Wesen! Entweder ganz Liebe, ganz Engel, oder ganz Teufel. Weib! Du liebst mich nicht so wie ich dich liebe! Soll der feurigste Wunsch meines Herzens unbelohnt bleiben! Soll Andächtelei über deine Liebe siegen! Verdammt seyen jene Geschöpfe, die dich mit dieser Seuche anstekten! — Anklagen will ich sie vor dem jüngsten Gericht, die niederträchtigen Heuchlerinnen, die mir das Herz meines Weibs entwandten! Sprich! Liebe ich dich nicht? Liebe ich dich nicht mit inniger feuriger Seelensimpathie? Schweigt in mir nicht jede andere Leidenschaft, wenn Liebe spricht? Und du — du —

Ein Knecht trit ein.

Knecht. Gnädiger Herr! Ein fremder Ritter begehrt euch zu sprechen, er sagt, er wäre euer Freund. —

Graf.

Graf. Wie heißt er?

Knecht. Ritter Wertheim!

Graf. Er ist mir willkommen! Laßt ihn herein!

Ritter Wertheim trit ein.

Ritter Wertheim. Gott grüß euch, edler Graf!

Graf. Gott dank euch, Freund! Seid mir willkommen in meiner Wildniß! Wie habt ihr euch hieher verirrt?

R. Wertheim. Ich streifte gerade mit meinen Knechten in dieser Gegend umher und mein Herz zog mich zu euch hin.

Graf. Ihr seid sehr gütig, Ritter, daß ihr euch noch eines Unglüklichen erinnert! ich habe die Welt schon lange vergeßen und glaubte auch von ihr vergeßen zu seyn.

R. Wertheim. Nicht so ganz, wie ihr glaubt, Graf! Ein Mann wie ihr seid, lebt noch in dem Andenken der Biedermänner. Darf ich euch wohl fragen, was euch in dieser Einöde so lang aufhält?

Graf. Die Liebe, edler Freund! —

R. Wertheim. (Ohne daß er Adelheit gewahr wird.) Doch nicht zu euerem Weibe? Die hat sich in Hohenstein euere Abwesenheit nicht sauer werden laßen, und ist —

Adel

(Adelheit springt hervor, faßt den Grafen an der Brust.)

Adelheit. Verräther, du bist schon verheurathet?

Graf. Ritter, ihr waret sehr unbesonnen!

Ritter Wertheim. Gebt euch zu frieden schöne Dame! die Gräfinn ist todt.

Graf. Todt ist die Furie?

Adelheit. (Zum Ritter Wertheim.) Wenn du lügst! Siehst du dort den unverschämten Ehebrecher! Siehst du, wie er schadenfroh noch eine mit sich hinunter reißt in die Hölle! Wie er jauchzt der Betrüger, daß ihm sein Bubenstük gelang! Ha! zurük beleidigter Schatten einer Gattinn! Zurük! Ich bin schuldlos, ich bin mit dir betrogen! Ich will ja hinknieen, laß mich nur — ich will ja meine Sünden bereuen! — Ich will.

(Sinkt in Ohnmacht. — Der Graf faßt Sie in Arm.)

Graf. Armes! armes Weib! Faß dich, der Gram bringt dich um!

R. Wertheim. Um Gottes Willen, Freund, verzeiht mir meine Unvorsichtigkeit! Ich war von euerem Schiksal nicht recht unterrichtet. Wußte nicht, daß meine Nachricht solche Folgen haben würde! Ich sah ja die arme Leidende nicht einmal, als ich eintrat!

Graf Großer Gott hilf mir! Seht ihr, Ritter, seht ihr, noch immer hält die Ohnmacht an. — O mein Weib! Mein Weib vor Gott, vor der ganzen Welt.

Des andern Tags.

Adelheit. Graf. Ritter Wertheim.

Graf. (Liegt vor der Kranken auf den Knieen.) Adelheit! Ist dir noch nicht beßer? Du stirbst und all' mein Glükseligkeit mit dir! —

Adelheit. Ruhig mein Gatte! Ruhig! Bald kann ich für dich bethen!

Graf. (In der äusersten Verzweiflung.) O erflehe mir augenbliklliche Vernichtung vom Himmel herab, und ich will dich dafür segnen! —

Ritter Wertheim. Freunde! Bei der heiligsten Freundschaft beschwöre ich euch. Macht einander das Herz nicht schwer! — Kommt, Graf! Ihr dürft bei diesem Anblik nicht bleiben.

Graf. Ritter! Ihr seid mein Feind, wenn ihr meine Entfernung wünscht. Fluch allen denen, die mich dem Anblikke eines Engels entreißen wollen, den ich zum Grabe hinschlepte. — Ha! Sie stirbt!!! Rache! Rache, vom Himmel herab über ihren Mörder! Weib vergieb, vergieb dem Elenden, der deiner Schwäche zu viel traute!

Adelheit. Mann! den ich im Stillen immer liebte, kannst du noch um so was bitten? der Allgütige vergebe mir diese Empfindung, lange kämpfte ich mit ihr: lange suchte ich sie durch Andacht zu entwafnen, aber es gelang mir nicht. Hier liege ich nun

nahe

nahe an meiner Auflösung, zittere nicht vor dem Gerichte Gottes, denn mein Herz ist mit all seinen Schwachheiten doch rein. Sei auch du standhaft, sei Mann, sei Christ, bald sehen wir uns wieder jenseits.

Graf. Weib! deßen Tugend ich anstaunen muß, du jezt schon sterben? Du sterben? O Menschheit dein Loos ist schreklich! Noch vor wenig Tagen war Gränzenlose Glükseligkeit meine Belohnung und jezt unaussprechliches Elend meine Strafe. Gott im Himmel! Hart, hart ist deine Strafe; —

Adelheit. Fülloser! — Erschwere mir den Tod nicht durch dein Murren! Laß mich im Frieden die Winke der Vorsehung verehren. Der Mensch ist nur denn rebellisch, wenn er sich von der Ewigkeit noch entfernt glaubt. O mein Gatte! Wie ganz anderst ist jezt mein Gefühl gegen das deinige. Schwach ist mein Körper, bereit meine Seele, zum Auswandern. Er nahet sich der entscheidende Zeitpunkt, worüber sich die Natur empört. Mann, denn ich liebte erflehe mir jezt Barmherzigkeit in der Stunde der Angst! —

Graf. Ja, das will ich, das will ich! — (Kniet hin) Vater im Himmel stärke mein armes Weib im Kampfe! Nimm Sie auf in deine Armen! Gieb ihr den Lohn, den ihr Herz verdient! Willig beuge ich meinen Nakken deinem Strafgerichte dar! Ich verliere zwar in ihr alles, alles was mir theuer und heilig war. — Aber dein göttlicher Wille geschehe!!!

Adel-

Adelheit. So! mein Gatte! Jezt sterbe ich ruhig, sterbe in deinen Armen mit dem wärmsten Zutrauen gegen die Barmherzigkeit Gottes! Noch einen Kuß — Es ist der Lezte — gewiß der reinste. — O weh! weh; Lange dauret es nicht mehr. —

Graf. Adelheit! — Adelheit! — Hörst du mich nimmer? —

Adelheit. Deine Hand — und jezt Gnade — Gnade — von dir — o Gott! —
 (Sie sinkt rükwärts und stirbt.)

Graf. (In der finstersten Schwermuth,) Todt! — Für mich todt! — Kann ich dich wohl fassen schaudervoller Gedanke? Soll ich deiner Wirklichkeit trauen? glaubt mirs Ritter, mit ihrem lezten Athemzug starb auch jede Freude meines Lebens. — Ich könnte euch jezt keine Thränen vergiessen und wenn ich Sie dadurch ins Leben zurükrufen würde — Stumm ist mein Schmerz — sprachlos meine Leiden — trokken meine Augen. — Seht ihr, wie die Heilige auch im Tode noch schön ist. — Wie Sie mir Liebe zulächelt. O ich kann mich an ihr nicht satt küssen! Laßt mich doch, Ritter — laßt mich. — Vielleicht küße ich mich zu tode — dann wäre ich ja vereint mit der Göttlichen. —

Ritter Wertheim. Freund! Euer Zustand wird gefährlich! Um Gottes Willen entfernt euch! — Ihr phantasiert fürchterlich — laßt die Entseelte ruhen. Kommt — Kommt. — (Schlept ihn mit Gewalt fort.)